EDELVAN JOSÉ DOS SANTOS

Novena de Nossa Senhora do Bom Parto

EDITORA
SANTUÁRIO

Direção editorial: Edvaldo Manoel Araújo, C.Ss.R.
Coordenação editorial: Ana Lúcia de Castro Leite
Copidesque: Luana Galvão
Revisão: Sofia machado
Diagramação e Capa: Mauricio Pereira

1ª impressão
ISBN: 978-65-5527-533-9

Rua Pe. Claro Monteiro, 342 – 12570-045 – Aparecida-SP
Tel.: 12 3104-2000 – Televendas: 0800 - 0 16 00 04
www.editorasantuario.com.br
vendas@editorasantuario.com.br

Nossa Senhora do Bom Parto

Desde os primórdios do Cristianismo, o coração dos fiéis se voltaram para a Virgem Maria, a Mãe de Jesus, como exemplo de ternura, esperança e fé. Entre tantas bênçãos que os cristãos passaram a suplicar por sua intercessão, uma ocupou sempre um lugar especial: a de um parto abençoado, seguro tanto para a mãe quanto para o filho.

Na Idade Média, época em que os perigos da gestação e do nascimento eram inúmeros, sobretudo para as mulheres mais humildes, a confiança na proteção materna de Nossa Senhora se fortaleceu ainda mais. As futuras mães, trazendo seus pequenos no seio, procuravam refúgio sob seu manto de amor, pedindo a graça de atravessar, com vida e esperança, aquele momento tão sublime quanto doloroso do nascimento.

Foi em terras da França e da Itália, entre os séculos XIII e XV, que o título de Nossa Senhora do Bom Parto ganhou maior notoriedade. Igrejas e capelas foram consagradas à Virgem sob esse nome doce e vigoroso, e comunidades inteiras aprendiam a colocar sua confiança nela no instante em que a vida humana surgia de modo tão frágil.

A designação Nossa Senhora do Bom Parto, assim como Nossa Senhora do Bom Sucesso e Nossa Senhora do Divino Parto, está intimamente ligada à veneração da Virgem Negra de Paris, cultuada na igreja de Saint-Étienne-des-Grès. Ali, Maria era invocada como guardiã das gestantes e dos nascimentos, espalhando sua fama de proteção e de milagres alcançados.

Curiosamente, nas representações mais antigas, a Virgem aparecia com a pele escura – símbolo da fertilidade, da riqueza da vida e da terra fecunda. Suas imagens, embora posteriormente representadas com a pele clara, mantiveram intacta a profundidade de seu significado: Maria é Mãe de toda vida que desponta.

No século XVII, em Paris, surgiram as Irmãs da Caridade de Nossa Senhora do Bom Parto, que se dedicavam ao amparo das mulheres grávidas, unindo a prática da caridade à fé viva. Já no século XIX, os missionários espiritanos difundiram ainda mais essa devoção pelo mundo. Quando chegaram ao Brasil, em 1885, surpreenderam-se ao encontrar uma veneração já profundamente enraizada.

Desde 1650, no Rio de Janeiro, na Igreja de Nossa Senhora do Ó, Maria era invocada também como Nossa Senhora do Bom Parto. Junto a ela, funcionava o Recanto do Bom Parto, uma casa de acolhida, de misericórdia sob o olhar amoroso da Mãe de Deus, para gestantes pobres e marginalizadas.

Suas representações são carregadas de sinais profundos e ricos de espiritualidade. Maria sustenta o Menino Jesus com o braço direito – sinal de fortaleza e sustentação, indicando que o Salvador escolheu necessitar de uma Mãe que o amparasse desde o início da vida. Com a mão esquerda, ela ampara ternamente o Menino, expressando o carinho e o amor materno não apenas por Ele, mas também por todos nós.

Ambos, a Mãe e o Filho, trazem coroas douradas com três círculos, símbolos da Santíssima

Trindade, recordando que Maria foi constituída Mãe e intercessora por designação divina. O véu e o manto azul representam o céu e a verdade: o céu, onde Maria intercede por nós, e a verdade, que é o próprio Cristo, seu Filho. A túnica branca de ambos evoca a pureza de coração, de intenções, de sentimentos.

Ao redor da Virgem, meninas ajoelhadas demonstram o amor filial e a veneração devidas a nossa Mãe, bem como a adoração ao Menino Deus. Elas simbolizam também as futuras mães, confiantes de que, com as bênçãos de Maria, serão agraciadas com o dom sublime da maternidade.

Assim, geração após geração, as mulheres aprendem que, em cada dor e em cada alegria do parto, Maria caminha a seu lado, sempre apontando para Cristo, fonte da verdadeira Vida.

Como fazer a Novena

(Roteiro para todos os dias)

1. Oração inicial

– Em nome do Pai, do Filho e do Espírito Santo.

– Amém!

– A nossa proteção está no nome do Senhor,

– que fez o céu e a terra!

– Ouvi, Senhor, minha oração

– e chegue até vós o meu clamor!

– Vinde, Espírito Santo, enchei os corações dos vossos fiéis e acendei neles o fogo do vosso amor. Enviai o vosso Espírito e tudo será criado, e renovareis a face da terra!

Oremos: Ó Deus, que instruístes os corações dos vossos fiéis com a luz do Espírito Santo, fazei que apreciemos retamente todas as coisas, segundo o mesmo Espírito, e gozemos sempre da sua consolação. Por Cristo, Senhor nosso.

– Amém!

Oferecimento da Novena: Ó Virgem Maria, Mãe do Bom Parto, com o coração cheio de esperança, venho hoje a ti, pedir tua proteção maternal. Tu, que trouxeste ao mundo o Salvador, Jesus Cristo, sabes das alegrias e dos temores que habitam o coração de quem gera uma nova vida.

Intercede por mim junto a teu Filho, o centro de minha fé, e alcança-me as graças de que tanto necessito (*fazer o pedido com fé e esperança*). Acolhe, ó Mãe bendita, minhas preces, minhas lágrimas e meus sonhos. Conduze-me, com tua ternura, ao coração de Jesus, para que nele eu encontre força, paz e confiança.

Nossa Senhora do Bom Parto, ajuda-me a caminhar na fé viva e no amor verdadeiro, confiando sempre na misericórdia divina. Amém!

2. Palavra de Deus (*própria de cada dia*)

3. Reflexão (*própria de cada dia*)

4. Oração final

Senhor, nosso Deus, cheios de gratidão, elevamos a vós nosso louvor! Glorificamos vosso Santo Nome por nos terdes dado Maria Santíssima, a Mãe do Bom Parto, como nossa Mãe e intercessora.

Em Maria, aprendemos a confiar plenamente em vós; em seu amor, experimentamos o reflexo de vossa misericórdia. Obrigado, Nossa Senhora, por teu exemplo de fé, de coragem e de serviço. Obrigado por teu "sim", que trouxe ao mundo o Redentor.

Senhor, para vos glorificar e honrar a vossa Santíssima Mãe, rezamos com amor (*rezar 1 Pai-nosso, 3 Ave-Marias e 1 Glória ao Pai*).

Nossa Senhora do Bom Parto, recebe nossa ação de graças, continua a nos amparar com teu amor maternal e conduze-nos sempre mais para o Sagrado Coração de Jesus, em quem encontramos vida, esperança e salvação. Amém!

1º Dia

Nossa Senhora do Bom Parto, intercede pelas mães grávidas

1. Oração inicial *(p. 7)*

2. Palavra de Deus *(Lc 1,30-33)*

Disse o anjo Gabriel a Maria: "Não tenhas medo, Maria, porque Deus se mostra bondoso para contigo. Conceberás em teu seio e darás à luz um filho e lhe porás o nome de Jesus. Ele será grande e será chamado Filho do Altíssimo. O Senhor Deus lhe dará o trono de Davi, seu pai, e ele reinará para sempre na casa de Jacó. E seu reino não terá fim".

– Palavra da Salvação.

3. Reflexão

A maternidade é um dom divino, uma graça confiada por Deus à mulher para ser colaboradora na criação da vida. Cada criança concebida no ventre é um milagre silencioso, uma semente de amor e esperança. No entanto sabemos que a gestação é também um tempo de incertezas, medos e fragilidades. O corpo muda, os sentimentos oscilam, as dúvidas aparecem e a vida da mulher se transforma radicalmente.

A Virgem Maria, Mãe de Jesus, também viveu uma gestação. Ela conheceu o mistério da vida, que cresce no ventre, e confiou inteiramente no Senhor, mesmo diante do desconhecido. Não teve todas as garantias humanas: não teve onde dar à luz dignamente nem uma gestação tranquila, pois precisou viajar grávida e, mais tarde, fugir para o Egito por causa da perseguição do rei Herodes.

Mesmo assim, Maria acreditou no poder do Altíssimo. Não confiou nas circunstâncias, mas no Deus que tudo pode. E esse Deus não a desamparou.

Hoje, voltamo-nos a Maria, Nossa Senhora do Bom Parto, e pedimos sua intercessão por todas as mulheres grávidas, a fim de que se sintam acolhidas, amadas e amparadas por Deus; que sejam fortalecidas em seu corpo e espírito; que a criança em seu ventre seja protegida com carinho e ternura desde a concepção.

Que a luz do Espírito Santo as envolva, para que possam viver a gestação como um tempo sagrado, tempo de bênção, preparação e confiança na vontade de Deus.

Maria, Mãe do Bom Parto, cuida de nós, cuida de nossos filhos, guia-nos para teu Filho Jesus!

4. Oração final *(p. 8)*

2º Dia

Nossa Senhora do Bom Parto, fortalece as mulheres que têm medo do parto

1. Oração inicial *(p. 7)*

2. Palavra de Deus *(Lc 1,39-42.45)*

Naqueles dias, Maria partiu em viagem, indo às pressas para a região montanhosa, para uma cidade da Judeia. Entrou na casa de Zacarias e cumprimentou Isabel. Logo que Isabel ouviu a saudação de Maria, o menino saltou em seu seio, e Isabel ficou cheia do Espírito Santo e exclamou em alta voz: "Tu és bendita entre as mulheres e bendito é o fruto de teu ventre! Bem-aventurada aquela que acreditou que se cumpriria o que lhe foi dito da parte do Senhor!"

– Palavra da Salvação.

3. Reflexão

O parto é um dos momentos mais marcantes da vida de uma mulher. É a hora em que o amor se torna carne, e a esperança ganha nome e rosto. Mas também é um tempo que pode gerar ansiedade e medo da dor, das complicações, do desconhecido. Medo de não dar conta e de perder a própria vida ou a do bebê. Medo de estar sozinha e de falhar. Esses medos são humanos, compreensíveis e até esperados. Mas não precisam ser os senhores desse momento sagrado.

Maria Santíssima, ao saber que daria à luz o Filho de Deus, certamente sentiu no coração a tensão de tudo o que isso significaria. Mesmo assim, seguiu firme, com o coração confiante. Quando chegou o momento do parto, estava em Belém, longe de casa, sem familiares por perto e não encontrou sequer um lugar digno para dar à luz. Ainda assim, foi corajosa. Deu à luz com fé, amparada pelos céus.

Hoje, tantas mulheres vivem esse mesmo medo. Algumas têm boas condições, mas o medo ainda mora no coração. Outras enfrentam gravidez de risco, falta de apoio, despreparo do sistema de saúde, violência obstétrica, pobreza extrema. Todas elas Maria quer abraçar com ternura e sussurrar: "Não tenhas medo, estou contigo!"

Peçamos, então, a Nossa Senhora do Bom Parto que fortaleça todas as mulheres que têm medo, que ela as envolva com a paz de seu Filho, que lhes transmita serenidade, confiança e coragem e que cada parto seja um renascimento não só para o bebê, mas também para a mulher ser mais forte, mais plena, mais próxima do amor de Deus.

Maria, Mãe do Bom Parto, cuida de nós, cuida de nossos filhos, guia-nos para teu Filho Jesus!

4. Oração final *(p. 8)*

3º Dia

Nossa Senhora do Bom Parto, ajuda as mães que sofrem dores e riscos na gravidez

1. Oração inicial *(p. 7)*

2. Palavra de Deus *(Lc 1,46-49)*

Disse Maria a Isabel: "Minha alma engrandece o Senhor, e meu espírito se alegra em Deus, meu Salvador, porque Ele olhou para sua humilde serva; pois, daqui em diante, todas as gerações proclamarão que sou feliz! Porque o Todo-Poderoso fez por mim grandes coisas e santo é seu nome".

– Palavra da Salvação.

3. Reflexão

A gravidez, embora seja dom e bênção, também pode ser tempo de dor, preocupação e sofrimento. Muitas mulheres enfrentam enjoos constantes, dores no corpo, pressão alta, diabetes gestacional, sangramentos e outros riscos sérios, que colocam em perigo sua saúde e a do bebê. Outras vivem a angústia do repouso absoluto, dos exames preocupantes, da possibilidade de um parto prematuro ou até da perda do bebê. Nessas horas, a alegria da espera se mistura ao peso da incerteza. O coração da gestante se divide entre o desejo de confiar e o receio de perder.

A Virgem Maria conhece esse caminho, pois ela mesma enfrentou situações difíceis durante a gravidez: a viagem a Belém, em pleno fim da gestação, o parto longe de casa, a fuga para o Egito, pouco tempo depois do nascimento de Jesus. Ela soube o que é proteger um Filho em meio ao risco. Por isso ninguém melhor do que ela para cuidar das mães que sofrem.

Nossa Senhora do Bom Parto é aquela que se aproxima dos leitos de hospital, que enxuga lágrimas silenciosas, que fortalece o corpo cansado e sussurra: "Estou com você. Aguente mais um pouco. Deus está agindo". Ela, cujas mãos levantam aquelas que pensam em desistir, é Mãe das mães.

Neste dia da novena, peçamos por todas as mães que enfrentam dores físicas ou emocionais na gravidez, por aquelas que carregam o peso de diagnósticos difíceis, de riscos e de angústias. Que Nossa Senhora interceda por elas junto ao Pai, levando cura, consolo e esperança. Que o Cristo, médico do corpo e da alma, visite cada útero ameaçado, cada coração aflito, cada vida em perigo e derrame seu Preciosíssimo Sangue. Amém!

Maria, Mãe do Bom Parto, cuida de nós, cuida de nossos filhos, guia-nos para teu Filho Jesus!

4. Oração final *(p. 8)*

4º Dia

Nossa Senhora do Bom Parto, consola as mulheres que perderam seus filhos

1. Oração inicial *(p. 7)*

2. Palavra de Deus *(Ap 12,1-2.5)*

Um grande sinal apareceu no céu: uma Mulher vestida com o sol, tendo a lua sob os pés e uma coroa de doze estrelas na cabeça. Estava grávida e gritava de dor, angustiada para dar à luz. Ela deu à luz um filho, um menino, aquele que vai governar todas as nações com cetro de ferro. Mas seu filho foi arrebatado para junto de Deus e de seu trono.

– Palavra do Senhor.

3. Reflexão

Há dores que parecem não ter nome. Uma delas é a dor da perda de um filho ainda no ventre ou pouco tempo após o nascimento. Para essas mulheres, o tempo da gestação se tornou tempo de luto. O sonho se apagou, o berço ficou vazio, a esperança silenciou. Elas carregam uma maternidade sofrida no íntimo e, muitas vezes, invisível aos olhos do mundo. São mães, mesmo que não tenham um bebê nos braços.

Maria Santíssima conhece essa dor de forma profunda. Ela carregou em seu ventre o Filho de Deus, cuidou dele, viu-o crescer e depois o viu morrer injustamente na cruz. Seu coração foi traspassado por uma espada, como havia sido profetizado por Simeão. A Virgem Maria também conheceu outra dor: das mães que perderam seus filhos por causa do ódio e da maldade dos homens.

Logo após o nascimento de Jesus, Herodes, dominado pelo medo e pelo orgulho, mandou matar todos os meninos com menos de dois anos na região de Belém. Era sua tentativa cruel de destruir o Menino-Rei. Assim, dezenas de crianças inocentes foram assassinadas. Suas mães gritaram de dor. O Evangelho lembra esse momento com palavras comoventes: *"Em Ramá, ouviu-se uma voz, choro e grande lamentação; é Raquel chorando seus filhos, e não quer ser consolada, porque já não existem"* (Mt 2,18).

Hoje, muitas mães ainda choram: mulheres que perderam seus bebês por abortos espontâneos, complicações no parto, doenças, acidentes ou até por violência. Maria se une a todas elas, pois é a Mãe das Dores. Ela caminha com cada mulher que perdeu um filho, sabe onde doeu e ali deseja colocar o consolo do céu.

Peçamos, então, a Nossa Senhora do Bom Parto que abrace com ternura todas essas mães. Que o Espírito Santo derrame o bálsamo da consolação sobre seu coração e que elas possam reencontrar a esperança, mesmo em meio à ausência. Que o Pai Eterno acolha em seus braços cada criança falecida, lembrando o mundo que nenhuma vida é pequena demais para ser amada eternamente. Amém!

Maria, Mãe do Bom Parto, cuida de nós, cuida de nossos filhos, guia-nos para teu Filho Jesus!

4. Oração final *(p. 8)*

5º Dia

Nossa Senhora do Bom Parto, ampara as mulheres que desejam ser mães

1. Oração inicial *(p. 7)*

2. Palavra de Deus *(Mt 2,13-15)*

Um anjo do Senhor apareceu em sonho a José e lhe disse: "Levanta-te, toma o menino e a mãe dele e foge para o Egito. Fica lá até eu te avisar, porque Herodes vai procurar o menino para matá-lo". José levantou-se, tomou de noite o menino e a mãe dele e partiu para o Egito. Ficou lá até a morte de Herodes, para se cumprir o que o Senhor falara pelo profeta, com as palavras: "Do Egito chamei meu filho".

– Palavra da Salvação.

3. Reflexão

Ser mãe é um desejo profundo que floresce no coração de muitas mulheres, anseio de acolher uma vida, de gerar, cuidar e amar sem medida. No entanto, para algumas, esse sonho é constantemente adiado ou até parece impossível. Elas convivem com a espera, com a dor da infertilidade e de tratamentos frustrados, perdas sucessivas, diagnósticos desanimadores, ou ainda, com o silêncio de um ventre que ainda não se encheu de vida.

Essas mulheres caminham, muitas vezes, em segredo, com o coração cansado de esperar, mas ainda cheio de esperança. Elas já são mães pelo amor que têm, mesmo que ainda não tenham nos braços aquele(a) que desejam abraçar.

A Bíblia nos apresenta o exemplo comovente de Ana, esposa de Elcana, que desejava ardentemente ser mãe. Ela era estéril e sofria com isso, especialmente porque era provocada por Fenena. Mas Ana não perdeu a fé. Certa vez, foi ao templo e, tomada pela amargura da alma, chorou muito e orou ao Senhor: "Javé dos Exércitos, se vos dignardes olhar para a aflição de vossa serva e vos lembrardes de mim, se não esquecerdes de vossa serva e lhe derdes um filho homem, eu o oferecerei a Javé por todos os dias de sua vida" (1Sm 1,11). Deus ouviu sua súplica e lhe concedeu o filho tão esperado: Samuel, que se tornaria um grande profeta.

Hoje, elevamos nossa prece por todas as mulheres que desejam ser mães. Que elas não se sintam esquecidas, nem sozinhas e saibam que seu desejo é belo aos olhos de Deus. Que Nossa Senhora do Bom Parto interceda por elas, aliviando a dor da espera, abrindo caminhos de amor, seja pela concepção, pela adoção ou por outras formas de acolher a vida.

E, se o tempo da espera se prolongar, que essas mulheres não deixem de confiar, porque o Deus, que atendeu a súplica de Ana, que surpreendeu Maria, também escuta hoje e nunca se esquece dos corações que confiam. Amém!

Maria, Mãe do Bom Parto, cuida de nós, cuida de nossos filhos, guia-nos para teu Filho Jesus!

4. Oração final *(p. 8)*

6º Dia

Nossa Senhora do Bom Parto, protege os nascituros e toda a vida desde a concepção

1. Oração inicial *(p. 7)*

2. Palavra de Deus *(Lc 2,33-35)*

José e Maria estavam maravilhados com as coisas que dele se diziam. Simeão os abençoou e disse a Maria, sua mãe: "Este menino vai causar a queda e a elevação de muitos em Israel; ele será um sinal de contradição; a ti própria, uma espada te traspassará a alma, para que se revelem os pensamentos de muitos corações".

– Palavra da Salvação.

3. Reflexão

Toda vida humana, desde o instante da concepção, é sagrada. No ventre de uma mulher,

Deus começa a escrever uma história única, irrepetível e preciosa. Ali, mesmo sem palavras, sem voz, sem defesa, já pulsa um coração amado por Deus. O nascituro, mesmo invisível aos olhos do mundo, é plenamente visível aos olhos do Criador.

A cultura atual, no entanto, por vezes, ameaça essa vida. O aborto é apresentado como solução, a gestação é vista como problema, e o valor da criança ainda não nascida é relativizado. Mas a Igreja, fiel ao Evangelho da vida, ergue sua voz em defesa dos mais pequenos, dos mais frágeis, dos que ainda não podem se defender. E a Virgem Maria, Mãe do Menino Jesus, é a grande protetora dos nascituros.

Ela mesma protegeu Jesus desde o primeiro instante de sua concepção, quando o Verbo se fez carne em seu seio puríssimo. E, junto a ela, estava São José, que, com sua coragem silenciosa, se tornou o protetor de Jesus desde o início. Apesar de não ser seu pai biológico, acolheu-o em seu coração, cuidou de Maria em sua fragilidade e protegeu a Sagrada Família de todos os perigos. Com a mesma firmeza com que ele foi chamado a ser o guardião de Jesus, também intercede junto aos nascituros, aos pequenos, aos vulneráveis.

Quando o anjo apareceu a José em sonho, ele não hesitou, recebeu Maria em sua casa e, com isso, acolheu o Filho de Deus, que nela habitava. Ele foi aquele que, com zelo e humildade, protegeu Jesus desde o ventre materno, guardando-o da ira de Herodes e de qualquer ameaça. José nos ensina que a proteção da vida começa no coração e se estende na ação.

Hoje, Nossa Senhora do Bom Parto e São José estendem suas mãos protetoras sobre os nascituros. Eles intercedem pela vida que cresce no ventre materno, pelo coração que pulsa com o amor de Deus. Eles nos ensinam a valorizar, proteger e cuidar de toda vida desde seu início, pois, como Jesus foi protegido, também devem ser todas as crianças, desde a concepção.

Unidos, rezemos por todos os nascituros, por aqueles que enfrentam dificuldades de desenvolvimento na gestação e por todas as crianças em risco. Que Maria e José, unidos em amor e fé, envolvam cada um de nós com seu cuidado e sua proteção. Amém!

Maria, Mãe do Bom Parto, cuida de nós, cuida de nossos filhos, guia-nos para teu Filho Jesus!

4. Oração final *(p. 8)*

7º Dia

Nossa Senhora do Bom Parto, ilumina os profissionais da saúde que cuidam das gestantes

1. Oração inicial *(p. 7)*

2. Palavra de Deus *(Mt 9,35-38)*

Jesus andava por todas as cidades e aldeias, ensinando em suas sinagogas, pregando o Evangelho do Reino e curando toda doença e enfermidade. Vendo as multidões, teve pena delas, porque estavam cansadas e abatidas como ovelhas sem pastor. Disse então a seus discípulos: "A messe é grande, mas os trabalhadores são poucos. Por isso pedi ao Senhor da messe que mande operários para sua messe".

– Palavra da Salvação.

3. Reflexão

A maternidade é um dos maiores mistérios da vida humana, momento sagrado, repleto de expectativas e cuidados. Para que esse milagre se concretize com segurança, o papel dos profissionais da saúde é essencial. Eles são os auxiliares de Deus nesse processo divino, e a missão deles vai além de um simples cuidado físico, porque envolve empatia, acolhimento, atenção às necessidades espirituais e emocionais da gestante e a escuta dos medos e das esperanças de quem está prestes a dar à luz.

Por isso, neste dia de nossa novena, voltamos nosso coração, em oração, para todos os médicos, enfermeiros, obstetras, todas as doulas e todos os profissionais que dedicam sua vida ao cuidado das gestantes e ao nascimento das crianças. Eles não estão apenas presentes no momento da entrega, mas também nas diversas fases da gravidez, oferecendo suporte, orientação e conforto.

A Virgem Maria, que foi a primeira a acolher Jesus em seu ventre, conhece profundamente a fragilidade e a beleza da gestação. Sabemos que os cuidados de Maria com o Menino Jesus não se limitaram ao momento do nascimento, mas se estenderam a cada passo de sua vida. Maria é a mãe que cuida, que zela e que, ao mesmo tempo, confia em quem pode ajudar.

São José, por sua vez, também nos ensina a colaborar com aqueles que cuidam de nossa família. Ele não hesitou em agir conforme as orientações do anjo e nos mostrou a importância de confiar nas pessoas que têm a missão de cuidar dos outros com sabedoria e dedicação.

Hoje, pedimos a Nossa Senhora do Bom Parto que ilumine todos os profissionais da saúde, que, com tanta dedicação e tanto amor, cuidam das gestantes. Que eles possam agir com sabedoria divina, oferecendo não apenas tratamentos, mas também a paz e a confiança de que a vida que está por nascer é um milagre. Que a presença de Maria, Mãe de todas as vidas, inspire-os a ser instrumentos de cura e proteção.

Maria, Mãe do Bom Parto, cuida de nós, cuida de nossos filhos, guia-nos para teu Filho Jesus!

4. Oração final *(p. 8)*

8º Dia

Nossa Senhora do Bom Parto, ampara as mães que enfrentam a maternidade sozinhas

1. Oração inicial *(p. 7)*

2. Palavra de Deus *(Jo 2,1-5)*

Houve uma festa de casamento em Caná da Galileia e lá se encontrava a mãe de Jesus. Também Jesus foi convidado para a festa junto com seus discípulos. Faltando o vinho, a mãe de Jesus lhe disse: "Eles não têm mais vinho". Respondeu-lhe Jesus: "Mulher, que importa isso a mim e a ti? Minha hora ainda não chegou". Sua mãe disse aos serventes: "Fazei tudo o que ele vos disser".

– Palavra da Salvação.

3. Reflexão

A maternidade, por si só, já é uma missão repleta de desafios, alegrias e renúncias. Mas, quando uma mulher é chamada a trilhar esse caminho sozinha, seu coração carrega ainda mais peso e necessita de mais coragem. Muitas mães, abandonadas durante a gravidez ou após o nascimento de seus filhos, encontram-se diante da difícil realidade de cuidar, proteger e amar sem o apoio humano, que sonharam ter.

Essas mães, mesmo em sua solidão, tornam-se sinais vivos da fortaleza, que vem de Deus. Elas espelham, em suas lágrimas e seus sorrisos, a coragem silenciosa de Maria, que jamais hesitou em proteger a vida que crescia em seu ventre.

Maria também enfrentou momentos de incerteza. Ainda jovem, grávida pelo Espírito Santo, sabia que seria incompreendida. Mas Deus lhe enviou um protetor: São José, que, mesmo sem compreender tudo no início, acolheu-a com Jesus, com um amor incondicional.

Hoje, muitas mulheres, embora não encontrem um companheiro igual a José, para estar a seu lado, encontram, em Deus, o mais fiel dos protetores e, em Maria, a Mãe que nunca abandona seus filhos.

Nossa Senhora do Bom Parto, que conheceste o risco, a pobreza e a solidão, ampara essas mães corajosas. Enxuga suas lágrimas secretas, fortalece seus braços cansados e renova sua esperança. Que elas saibam que nunca estão verdadeiramente sozinhas: o Céu inteiro vela por elas e por seus filhos.

E que nós, como Igreja e como irmãos em Cristo, sejamos também apoio, presença e amor concreto em sua vida. Que aprendamos com Maria e José a ser abrigo para quem mais precisa de cuidado e acolhimento.

Nossa Senhora do Bom Parto, intercede por todas as mães que, mesmo no abandono humano, continuam confiando no Amor, que nunca falha! Amém.

Maria, Mãe do Bom Parto, cuida de nós, cuida de nossos filhos, guia-nos para teu Filho Jesus!

4. Oração final *(p. 8)*

9º Dia

Nossa Senhora do Bom Parto, conduze-nos ao nascimento de uma vida nova em Cristo

1. Oração inicial *(p. 7)*

2. Palavra de Deus *(Jo 19,25-27)*

Junto à cruz de Jesus estavam de pé sua mãe, a irmã de sua mãe, Maria, mulher de Cléofas, e Maria Madalena. Jesus, vendo sua mãe e, perto dela o discípulo que amava, disse a sua mãe: "Mulher, eis aí teu filho". Depois disse ao discípulo: "Eis aí tua mãe". E, desta hora em diante, o discípulo acolheu-a em sua casa.

– Palavra da Salvação.

3. Reflexão

O nascimento de uma criança é sempre um sinal de esperança, um novo começo, uma nova vida.

Mas para nós, cristãos, o mais importante não é apenas o físico, mas também o espiritual. O nascimento de Jesus, o Filho de Deus, trouxe ao mundo a verdadeira Vida, a salvação e a redenção para toda a humanidade. E é essa vida nova em Cristo que desejamos, em nosso coração, todos os dias.

Maria, nossa Mãe Santíssima, foi a primeira a acolher essa vida nova, o próprio Deus feito carne, em seu ventre. Ela foi a primeira a dar à luz o Salvador, e, por meio de seu "sim", o mundo experimentou o maior dos milagres: Deus se fez homem para a salvação. E, assim como Maria participou ativamente do nascimento de Jesus, ela também nos acompanha em cada momento de nossa vida, conduzindo-nos ao nascimento de uma vida nova em Cristo.

O nascimento espiritual, que acontece pelo Batismo, é o grande início da vida cristã. Assim como uma criança precisa de cuidados e proteção após seu nascimento, também precisa dos cuidados espirituais que a conduzem a crescer na fé, a amadurecer em Cristo.

Neste último dia da novena, renovemos nosso desejo de uma vida nova em Cristo. Que possamos renascer espiritualmente a cada dia, buscando viver segundo os ensinamentos do Evangelho, com fé, esperança e caridade.

Que Nossa Senhora do Bom Parto, que acompanhou Jesus em sua passagem terrena, ajude-nos a dar à luz uma vida nova, em Cristo, em nosso coração, em nossa família, em nossa comunidade.

Ao concluirmos esta novena, que possamos confiar sempre no cuidado de Maria e em sua proteção materna. Que ela nos conduza com seu amor e com sua fé, para que, conforme ela fez, possamos dizer "sim" à vontade de Deus, permitindo que Ele nasça em nós e transforme-nos e sejamos verdadeiramente novas criaturas em Cristo.

Que Nossa Senhora do Bom Parto continue a abençoar e a proteger todos nós, especialmente as gestantes e aqueles que acolhem o dom da vida. Amém.

Maria, Mãe do Bom Parto, cuida de nós, cuida de nossos filhos, guia-nos para teu Filho Jesus!

4. Oração final *(p. 8)*

Índice

Nossa Senhora do Bom Parto 3
Como fazer a Novena
(Roteiro para todos os dias) 7
Oração inicial 7
Oração final 8
1º dia: Nossa Senhora do Bom Parto,
intercede pelas mães grávidas 10
2º dia: Nossa Senhora do Bom Parto,
fortalece as mulheres que têm
medo do parto 13
3º dia: Nossa Senhora do Bom Parto,
ajuda as mães que sofrem dores
e riscos na gravidez 16
4º dia: Nossa Senhora do Bom Parto,
consola as mulheres que
perderam seus filhos 19

5º dia: Nossa Senhora do Bom Parto,
ampara as mulheres que desejam ser mães .. 22
6º dia: Nossa Senhora do Bom Parto,
protege os nascituros e toda vida desde
a concepção 25
7º dia: Nossa Senhora do Bom Parto,
ilumina os profissionais da saúde
que cuidam das gestantes 29
8º dia: Nossa Senhora do Bom Parto,
ampara as mães que enfrentam a
maternidade sozinhas 32
9º dia: Nossa Senhora do Bom Parto,
conduze-nos ao nascimento de uma
vida nova em Cristo 35